1

الأفريقانية

ممدوح الشيخ

الكتاب: الأفريقانية

المؤلف: ممدوح الشيخ.

هذه دراسة دفعت لكتابتها قبل سنوات أزمة إقليم دار فور. وهي محاولة لتجاوز ما هو آني ومباشر، وصولاً إلى قراءة أكثر عمقاً.

ولفهم ما يحدث على نحو يجمع بين الدقة والعمق نحتاج للجمع بين نظرة النملة في تدقيقها التفاصيل وربطها الأسباب والمسببات على نحو يتصف بالبساطة والمباشرة. وبين نظرة الطائر في شمولها قدرتها على كشف ما وراء الآني والمباشر.

فعلى المستوى المباشر لا أحد يستطيع إنكار وجود مشكلات سياسية عميقة تعانيها السودان ولدار فور منها نصيب كبير، وعلى مستوى التحليل المعرفي لا يستطيع تجاهل الخلفيات التي يحذر النظام السوداني من تداعياتها على المنطقة كلها، والاختبار الحقيقي للسودان النظام الرسمي العربي معاً هو مدى القدرة على معالجة **"الآني"** المباشر معالجة سياسية تنزع فتيل **"المزمن"** الذي تعايشنا معه لعقود وتعاملنا معه دون تقدير لطبيعته كجبل جليد ضخم يختفي تحت الماء وما يبدو منه على السطح ليس إلا قمته الطافية وهي صغيرة!

<u>سياسة ترحيل الأزمات</u>

قد لا يكون مفيداً تتبع الشكايات التي علا صوتها مؤخراً في دار فور تفنيداً أو تأييداً، فمن الطبيعي أن نتصور انطواءها على تضخيم أو حتى اختلاق، وعوضاً عن ذلك نتعامل مع مصادر أكثر مصداقية وأبعد عن شبهة التسييس.

فمــثلاً فــي "إعــلان القــاهرة لمناهضــة العنصرية" الصـادر عن المؤتمر الإقليمي العربي التحضيري للمؤتمر العالمي ضد العنصرية القاهرة (19/ 22 يوليو 2001).

وتحـت عنــوان: "العــالم العربــي وقضـايا العنصرية والتمييز العنصري" نجد إقراراً واضحاً بوجود مشكلات تتصل بأوضاع الأقليات في العالم العربي، حيث يرد في الإعلان ما نصه:

"إن إخفـاق الحكومـات العربيـة فـي حـل مشــكلات التمييــز بالنسبـة للأقليـات القوميـة والعرقيـة والإثنيـة واللغويـة والثقافيـة والدينيـة والمذهبية وغيرها، ومـا ترسّخ فـي ظلهـا من اختلالات اقتصادية واجتماعية وثقافية وتنموية بيـن السكان داخل البلد الواحد، قد فتح البـاب

لانتهاكات واسعة لحقوق الإنسان، وأدى إلى تفجر أعمال العنف الداخلي والحروب والنزاعات الأهلية، وألحق أضرارًا بالغة بالحق في التنمية والسلام، وساعد على تنامي نزعات العداء والكراهية".

وفي الإعلان نفسه نجد الإطار الصحيح للحل عبر:

"احترام حقوق الإنسان، وفي مقدمتها المساواة التامة والتمتع بحقوق المواطنة الكاملة".

والإعلان يدعو كذلك إلى:

"الإدانة الكاملة لجميع أعمال القهر والطغيان وشن الحروب ضد بعض الأقليات

في العالم العربي، وبخاصة أعمال الإبادة الجماعية والتهجيري القسري والاسترقاق، باعتبارها تشكل جرائم ضد الإنسانية، وشجب السياسات والممارسات التي تقوم على الإقصاء من المشاركة السياسية على أسس طائفية أو دينية أو عرقية، وإدانة جميع صور الدعاية والتحريض التي تقوم على التعصب والاستعلاء الديني والقومي وغيرها".

و"دعوة الحكومات العربية للالتزام بمراعاة التوازن في توجيه مواردها إلى مختلف أقاليم الدولة وتكويناتها السكانية، بصرف النظر عن حجم مواردها المتاحة، باعتبار ذلك شرطاً أساسيًا للتمتع بالحقوق

الاقتصـادية والاجتماعيـة والحـق فـي التنميـة، يساعد غيابـه علـى خلـق بيئـة مواتيـة للتطرف والتعصب والعنف".

والملفـت، بـل ربمـا المثيـر، أن الإعـلان الصادر قبـل ثلاثـة أعـوام يخص السـودان بالذكر بوصفها حالـة مستعصية فيوصي بـ "**السـعي لوضع حـد نهـائي لمآسـي الحـرب الأهليـة والنزاعـات ذات الطـابع الإثنـي فـي السـودان، وجميع مظاهر الاسترقاق والخطف وانتهاكات حقوق الإنسان، وإعادة الديمقراطية والسلام، وتمكين مـواطني جنوب السـودان مـن حقهـم فـي تقرير مصيرهم بأنفسهم وضمان حقوق المشاركة المتساوية في إدارة شئون البلاد**".

فإذا كان هناك اعتراف عربي – شبه رسمي – لا لبس فيه بوجود هذه المشكلات المزمنة المترتبة على غياب الديموقراطية وقبول التعددية.

فلماذا لجأ النظام السوداني – والنظام الرسمي العربي عبر عقود مضت – لسياسة ترحيل الأزمات حتى يأتي وقت تنفجر وقد استفحلت؟

ومتى يصل العرب لصيغة وسط لا تنطوي على انتهاك لسيادة الدولة وفي الوقت نفسه تعزز مفهوم المشاركة في المسئولية؟

اعترافات سودانية

وعلـى قـدر أهميــة الانتبــاه لمسـتهدفات الأطـراف الغربيــة مـن الملـف السـوداني لتفـادي تمكينه من تحقيقها ينبغي الاهتمـام بإدراك مسئولية الأطـراف السـودانية، حتـى لا نغـرق فـي تحميل العامل الخارجي وحده المسئولية عن كل خيباتنا.

فعندما أعلن مسئول سوداني قبل أيام استعداد النظام السوداني لقبول منطق تقاسم السلطة والثروة في دار فور لم يتساءل أحد عن مشروعية الاستئثار بالسلطة والثروة ابتداء حتى يتم قبول الاقتسام تحت حراب التدخل الأجنبي، ولماذا لا نسعى للوصول نقطة تراض عربية بين الحكام والمحكومين دون أن تدخل قاموس الممارسة السياسية مفردات: التمرد، والصراع، وجبهات التحرير؟

وحسب شهادة لا تنقصها الصراحة للسيد الصادق المهدي رئيس وزراء السودان السابق شهدت الخريطة السودانية مؤخراً تغيراً كبيراً، حيث شهد النظام السوداني منذ عام 1999 تآكلاً مستمراً لقاعدته السياسية إذ جذب انشقاق المؤتمر الشعبي (حزب الترابي) إليه المتحمسين من

الشباب والمرأة وحرم النظام من قوته الفكرية، كما أحبطت حقيقة تمركز الانقسام حول قضية الصراع على السلطة، المثاليين والمتزمتين، اللب الروحي للنظام.

ثم أتى انقسام حزب العدالة، وهم كوادر مؤثرة للغاية في النظام يمثلون رموزا للمشاركة الإقليمية حيث هدم ابتعادهم الصفة القومية لحزب المؤتمر الوطني، ثم أتت بعد ذلك مذكرة إنشاء الحركة السودانية لتحرير شمال السودان بقيادة الدكتور الطيب مصطفى، التي دلت على انقسام أيديولوجي داخل النظام حول مستقبل السودان، حيث اعتبروا أن الجنوب بوابة للتدخل الأجنبي ووسيلة للتخلي عن مبادئ الحركة الإسلامية.

ثم برزت بعد ذلك قوى سياسية جديدة على المسرح السياسي السوداني تمثل احتجاجاً على برامج النظام الثقافي مثل المشروع المدني السوداني الذي كوَّن منبر كمبالا بالتنسيق مع (حركة الأفريقانية ـ حركة عموم أفريقيا)، وهو يمثل اتحاد جميع الكنائس السودانية بالإضافة لمؤسسات مدنية أخرى، وهؤلاء لهم برنامج سياسي محدد وهو سودان علماني وتقرير المصير للجنوب وللمناطق المهمشة وتكوين اتحاد للأغلبية المهمشة...

والأحداث الأخيرة في دارفور ـ حسب الصادق المهدي ـ مثلت فشلاً ذريعاً للنظام، وتحدياً سياسياً منظماً بوسائل عسكرية؛ فهناك عدة قوى سياسية في السودان إما شاركت في الأحداث أو ساندتها.

ومهما يكن الفاعلون الحقيقيون فإن قطاعاً عريضا من الرأي العام في السودان تعاطف مع أهدافهم السياسية بينما رفض أساليبهم العنيفة. وهو رد فعل لما قامت به حكومة السودان بقولها إنها تفاوض من يحمل السلاح وهي دعوة صريحة للنظر والتقليد!.

(حوار مع مجلة أبعاد السعودية – 1/ 10/ 2003).

غير أن ما حملته رياح الخارج من تأثيرات كان من الضخامة والخطورة بحيث ينذر بأوخم العواقب سودانياً وعربياً، فـ "الحركة الأفريقانية" التي ذكرها السيد الصادق المهدي في ثنايا حديثه لها من الخلفيات التاريخية والوزن السياسي ما يستحق التوقف عندها طويلاً، وبخاصة في ظل العلاقات الوثيقة التي تربطها بالكيان الصهيوني،

والمخطط الذي تطمح أن يؤدي نجاحه إلى "طرد العرب الغزاة من شمال أفريقيا"!

مؤمرات. . .ومخططات أيضاً!

ربما لا يكون منطقياً السعي لاقتلاع فكرة "المؤامرة" من الخطاب التحليلي العربي، وبخاصة أنها بالفعل أداة من أدوات السياسة أمس واليوم وغدا، لكن المنطقي والمشروع معا أن نضع خيطاً يفصل بين المؤامرة والمخطط.

فالقول بالتفسير التآمري معناه سيطرة إرادة واحدة على التاريخ وأن ما تريده قدر لا يرد وهو ما تكذبه حركة التاريخ نفسها فهو دائما صراع إرادات يحسمه الأكفأ ـ أو الأقوى ـ لصالحه.

أما المخطط فتصور للمستقبل يستهدف إحداث تغيير محسوب وما من مخطط إلا ويستهدف الخصم من رصيد قوة أو قوى لحساب طرف آخر. وعندما تختفي المخططات خلف لافتات إنسانية فإن هذا لا يحولها إلى مؤمرات بل تظل مخططات تتخفى وراء لافتات.

وما يلجئنا دائماً لاستدعاء التفسير التآمري للتاريخ، أننا بلا مخططات للمستقبل، وبالتالي ننظر لمحاولات الآخرين للتغيير المحسوب دائماً، بوصفها جريمة لا تغتفر في حق الإنسانية، وكأننا

19

نريد منع الآخرين من الفعل لنريح أنفسنا من عبء المنافسة!

20

إعادة اختراع أفريقيا

والأزمـة فـي دار فـور – شـأن سـابقتها فـي
جنوب السودان – جزء من مخطط لإعادة اختراع
أفريقيا في ثوب جديد تماماً. وقلب القارة الأفريقيـة
يعيش حالة من التمزق والتشرذم غير موجودة في
أي مكان آخر في العالم يؤججها بشكل أكثر حدة
الصـراع الأمريكـي الفرنسـي، والإطـار العـام

للمخطط عزل الوجود العربي في شمال أفريقيا كمقدمة للتخلص منه نهائياً لاحقاً.

وحسب دراسة قيمة للباحث السوداني عبد الهادي الصديق "**السودان والأفريقانية**"، (**مركز الدراسات الاستراتيجية بالخرطوم**) فإن المخطط يقوم على تقسيم القارة كلها إلى ستة دول بناء على مقاييس للتجانس الثقافي والديني، وفي ضوء هذه الخريطة السياسية تبدو معالم الخريطة الجغرافية الجديدة.

حيث تقترح الورقة التي قدمت في مؤتمر كمبالا (1994) تحت عنوان "**نحو خريطة جديدة لإفريقيا**"، إلغاء حدود جميع الدول الإفريقية، وتقسيم القارة إلى ست دول على النحو التالي:

1 – جمهورية الصحراء وتضم مصر وبلاد المغرب العربي حتى موريتانيا، وتضم الجزء الشمالي من السودان، وكأنه جزء من مصر.

2 – جمهورية أفريقيا الوسطى وتضم أوغندا وكينيا وزائير وتشاد والكاميرون والكنغو وإفريقيا الوسطى، وتضم الجزء الجنوبي من السودان.

3 – جمهورية سنغامبيريا (Semganmberia) وتضم دول الحزام السوداني من السنغال إلى نيجريا مع استبعاد السودان.

4 – جمهورية أريثوميا وتضم دول القرن الإفريقي إثيوبيا إريتريا الصومال.. جيبوتي مع ابتعاد السودان.

5 – الجمهورية السواحيلية وتضم الدول الناطقة باللغة السواحيلية.

6 – جمهورية موزامبيا وتضم كل دول الجنوب الإفريقي.

وهكذا فإن السودان في هذه الخريطة هو الدولة الأفريقية الوحيدة التي نالها التقسيم، بل التقطيع... فبينما تم فصل الجنوب عن الشمال، تم استبعاد السودان من جهة الشرق عن تجمع دول منطقة القرن الإفريقي، بينما استبعد من ناحية الغرب عن تجمع دول الحزم السودان.

وبذلك يتم تجريد السودان من كل مقوماته الحضارية والاقتصادية، مع إبعاد حدوده عن مناطق السيطرة على منابع النيلين الأبيض والأزرق، وبذلك لن تصلح أراضي السودان إلا أن

تكون تابعة للدول المحيطة بـ (مصر)، (إثيوبيا)، (يوغندا).. ويعود وسط السودان المعزول باقتصاده الزراعي المحدود (بعد السيطرة على مياه النيل)، والرعوي المتخلف، إلى تلك المرحلة التاريخية السحيقة في القرن السادس عشر، حينما سيطرت ثقافة القبائل العربية الإسلامية على منطقة الوسط.

وقبل أن تتمدد داخل إفريقيا لإثبات إمكانية التعايش العربي الإفريقي الإسلامي، ممثلاً في قيام السلطنة الزرقاء أو مملكة الحضارة الإسلامية الإفريقية ذات الثقافة العربية.

(مجلة المجتمع الكويتية – 11/ 1/ 2003).

وبطبيعة الحال لا يعني هذا أن تغييرات بهذا الحجم ستحدث على الفور بمجرد اندلاع تمرد في غرب السودان كما لا يعني أن الأهداف البعيدة

للمخطط تلغي عدالة مطالب سكان الإقليم والاختبار الحقيقي هو في القدرة على نزع فتيل الأزمة على نحو لا يخدم المخطط النهائي.

الهوية وقودا للصراع

وسواء قبلنا أم لا فإن الهوية تظل وقوداً للصراع، حتى لو كانت مجرد لافتة تحتفي خلفها المصالح نفطية كانت أو غير نفطية، والصراع السياسي على السودان نموذج مثالي لهذا الصراع بآلياته ومقولاته وأكاذيبه المخترعة بحرفية مدهشة!

فقبـل إدانــة التعـاون بـين الكيـان الصـهيوني وأطراف في الصراع كالدينكا والتجراي والتوتسي ينبغي. أولاً، استيعاب الدرس الخطير الذي تنطوي عليـه عمليـة تسـويق **"الهويـة الجديـدة"** بيـنهم والنجـاح فـي دفعهـم لاتخـاذ موقف معـاد للعـرب كعرق والإسلام كدين، وهو أمر يكاد أن يتحول إلى نمط عام متكرر عند أسياسي أفورقي أو جون جارانج أو يوري موسيفيني.

والحركـة الأفريقانيـة حركـة قوميـة متطرفـة يتزعمها حاليا الرئيس الأوغندي يوري موسيفيني وهو يرفع شعار **"دولـة مصـد في جنوب السـودان تواجه النزعة التوسعية الأصولية العربية".**

وقد كانت مثل هذه الدعوات تستقبل بقدر كبير من عدم الاهتمـام غير أنها انتقلت ـ مثلاً ـ

إلى بربر المغرب الذين تظاهروا في مايو 2002 رافعين شـعار طـرد العـرب مـن شـمال أفريقيـا، وللمـرة الأولـى في تـاريخ المغرب الحديث يتوجـه الملك إلى القوات المسلحة داعيا إياها إلى الحفاظ على وحدة البلاد.

30

الإمبريالية العربية!

في إطار مخطط طويل الأمد تم بناء ثقافة متكاملة معادية للعرب ورسمت لهم صورة نمطية ننقل بعضاً من ملامحها من ورقة بحثية شديدة الأهمية، عنوانها: **"نحو رؤية استراتيجية للعلاقات العربية الأفريقية"** قدمها كويسي كوا براه (مدير مركز الدراسات المتقدمة في المجتمعات

الأفريقيـة بكيب تـاون جنـوب أفريقيـا) إلى اجتمـاع
خبـراء الاتحـاد الإفريقي بشـأن رؤيـة اسـتراتيجية
جيوسياسـية للعلاقـات العربيـة الأفريقيـة (22 أيـار
2004).

وفيها يقول ما نصه:

**"لقد مال الأفارقة إلى عدم الإفصاح عن
ريـبهم وشـكوكهم واعتراضـاتهم بمـا يخص
العلاقات العربيـة الإفريقيـة في هذه القارة. بل
إن ثمـة ميلاً لـديهم للصمت عن تـاريخ الرق
الذي قاده العرب في القارة".**

وبعد استعراض لتاريخ الفتح العربي يقول:

**"ويجـب النظـر إلـى عمليـة الأسـلمة
والتعريـب، وإلى حركتهـا جنوباً في ضوء هذا
التـاريخ المبكـر للفتـح والإمبرياليـة. مـا زالـت**

الحرّيات الثقافية موضع مطالبة من قبل بعض الجماعات البربرية في المنطقة إلى اليوم، وبخاصة في مجال الحقوق اللغوية" . . .

"إن الإسلام لا ينزع الصفة الثقافية القومية عن الناس، ولا يُحوِّلهم إلى عرب. لكن ثمة خطوة إضافية تقود إلى نزع الصفة القومية وإلى التعريب، وتتمثل في القسر اللغوي وإحلال العادات العربية محل الممارسات التقليدية الإفريقية".

"وتكمن النقطة الجغرافية الأكثر استمرارية اليوم في المناطق الحدودية الممتدّة بين موريتانيا ومالي والنيجر وتشاد والسودان. وفي الواقع فإن السودان

وموريتانيا همـا، بطرق مختلفـة، خطوط هذا الصدام الحضاري!".

وتلك إشارة قد تكون الأولـى لوجود صـراع حضاري بيننا وبين الأفارقة بينما لم نتمكن بعد من نفي تهمة ملصقة بنا بأننا نسعى لصراع حضاري مع الغرب!

ولا يكتفـي كويسـي كـوا بـراه بـذلك بـل ينقل عن أدبيات أخرى مقولات أكثر خطورة ففي ورقة بقلم سلام داياكيت من جامعة مـالي يجـادل الكاتب بأن المواقف العنصرية للمجتمعات البيضاء (المور والعرب) تجاه السكان من غير البيض (السومينكي والفـولاني والوولـوف والتوكولـور) علـى امتـداد الحدود الموريتانيـة مـن ناحيـة، واستخدام الأسماء التحقيرية والأفكار التي تحملها كل من الجماعات

الإثنية في المناطق الشمالية من مالي (الطوارق والمور والعرب والسونغاي والفولاني والبيلا) تجاه بعضها البعض من ناحية أخرى، قد سببت نشوء مناخ من انعدام الثقة وعدم الأمان.

وينقل عن باحث آخر هو غاربا ديالو أن العنصرية وأبشع مظاهرها "**العبودية**" لم تصبح شيئاً من الماضي، بالنسبة لمواطني موريتانيا، بعد.

. . "كان بلدنا آخر بلدان الأرض في إعلان عدم قانونية العبودية عام 1980 (وذلك للمرّة الثالثة منذ 1960)، وهو الدولة الوحيدة التي تستمر برفض اتخاذ أيّة إجراءات لإنهاء العبودية. وهذا لأن أسس النظام الموريتاني نفسها مقامة على العبودية والفصل العنصري المأخوذين كأمر واقع. من هنا فقد رفض النظام

بعنـاد شديد إعطاء الشرعية للحركـة المضادة للعنصرية (SOS - Slaves) ولجمعية حقوق الإنسان إضافة إلى جبهة تحرير الأفارقة في موريتانيا. تنظر الحكومة للعاملين من أجل الديموقراطيـة وحقـوق الإنسـان وتحريـر الأرقـاء علـى أنهـم أعداء للدولة".

وينقـل عـن ثالـث هـو آدووك نيابـا أن "السودان يظهر يومياً في وسائل الإعلام بسبب الحرب. حرب تشنها أقلّية عربية ضد الأغلبية الأفريقية السوداء. لكنها حرب مقاومـة أيضاً، مقاومـة أفريقيّـة في السودان ضد عمليـة نزع الأفرقـة التي تتمّ بأيدي العرب. إن الحرب في الواقع استمرار للصراع العربي الأفريقي الذي

بدأ منذ أربعة عشر قرناً عندما وطأت أقداما
العرب أرض أفريقية".

ويرى كويسي كوا براه أن دارفور تمثل
آخر نقطة انفجار للنزاع العربي الأفريقي في
المناطق الحدودية بين العرب والأفارقة. ويضيف
أن ما يتعين أن نفهمه جميعاً هو أن هذا "**التطهير
العرقي**" غير مقبول بالنسبة للأفارقة والمجتمع
الإنساني. إنه جريمة ضد البشرية. وستظل
العلاقات العربية الأفريقية علاقات نزاع طالما
استمر استعباد العرب للأفارقة وطالما استمر
التطهير العرقي و"**المجال الحيوي**" سواء بما
يتعلق بالأرض أو بالمياه!.

وبطبيعة الحال لا يخفى على فطنة القارئ
المدلول المراد ترسيخه باستقدام هذا القاموس

المليء بالاتهامـات والاسـتدعاء المتعمـد لتعبيـر **"المجال الحيوي"** بظلاله النازية. وعند هذه النقطـة يأتي الرافد الصهيوني في المخطط.

القيم طريقا للصهينة

في إبريـل 2001 شـهدت جامعـة نيويـورك مؤتمرًا **"الأفرقـة والأسـلمة"** ونشـر الإسـلام في القـارة السـمراء، وأصـول وجـذور الإسـلام، وقد انعقد المؤتمر ــ الذي خـلا رغم أهميتـه من أيـة مشاركة عربية ــ على خلفية معركة فكرية مهمة نشبت بين المـؤرخ الكينـي المسـلم الدكتور علي

المزروعي، والنيجيري وول سونيكا الحائز على جائزة نوبل في الآداب، وهو هاجم بشدة تطبيق الشريعة الإسلامية في بعض الولايات النيجيرية.

وقد دافع مزروعي بقوة عن الإسلام، وأوضح دوره في تنمية الشعوب الأفريقية، وفي طرد الاستعمار. ومعركة مزروعي/ سونيكا جزء من سجال طويل غبنا عنه حتى تحولت مقولاته إلى وقود لصراع عنيف تشكل دار فور إحدى معاركه.

الصهيونية الأفريقية!

على خلفيــة الــدور الكبيــر الـذي لعبتــه الصـهيونية غير اليهوديــة في دعـم الحركــة الصـهيونية أدرك الصـهاينة أهميـة دور "**القيم**" و "**الهويــة**" فـي اكتسـاب الأنصـار والحلفـاء للمشـروع الصهيوني مقدرين الأثر الكبير لفكرة التشـابه مـع مـن يسـعون للحصـول علـى دعمهم

وصياغة تصور قيمي يقنع المستهدفين بـأن ثمـة "**قيم مشتركة**"، ولنتذكر النجاح الكبير لفكرة القيم المشتركة المسيحية اليهودية.

وعلى هذا المنوال عمل الصهاينة في أفريقيا رغم أن الأفارقة وقت ميلاد الحركة الصهيونية لم يكن لهم أي وزن دولي يذكر، بل كانت أفريقيا كلها مقسمة يبن القوى الاستعمارية الغربية. لكن الدافع المباشر آنذاك كـان مـا يسمى "**مشروع أفريقيا**" الذي كان في نظر بعض التيارات الصهيونية بديلاً أكثر ملائمة من فلسطين لإنشاء الدولة اليهودية.

ويؤكـد مـا تقدم مـا ذكـره الـدكتور علـي مزروعـي مـن "**أن مؤسس الصهيونية واصل التفكير في إفريقيا على أنها امتداد ممكن للكيان الصهيوني أكثر من كونها وطنًا لليهود، ولمّا**

كانت هناك أعداد كبيرة من اليهود الذين أرادوا الاستقرار معًا في مناطق يستطيعون فلاحتها بأنفسهم، ويسمونها وطنًا مشتركًا، فقد اعتبرت فلسطين مكانًا غير مناسب لكل اليهود الذين أرادوا الاستقرار معًا بهذه الطريقة".

وفي إطار حالة التأرجح التي انتهت بالتركيز على فلسطين طرحت حلول وسط كان من بينها فكرة "**الفاتيكان المسلح**"، حيث يصبح لليهود مركز قيادة مستقل للصهيونية العالمية في أرض فلسطين، يتولى تنسيق نشاطات الجماعات اليهودية في مختلف أرجاء العالم، والتي من المتصور أن يبقى معظمها خارج الكيان الصهيوني ليتولى مهمة تعبئة التأييد السياسي والمالي لها، وإن كان ذلك لا يمنع من وجود مركز تبادلي أو

احتياطي للمركز في شرق إفريقيا. أي أن أفريقيا بقيت ذات أهمية خاصة في المشروع الصهيوني حتى بعد الاستقرار داخل الحركة الصهيونية على فلسطين كاختيار نهائي.

وانفرد التعامل الصهيوني مع القارة الإفريقية بدرجة عالية من الخصوصية، وبخاصة في إطار عملية بناء روابط أيدلوجية تربطها بالحركة الصهيونية ووقع الاختيار على "**حركة الجامعة الأفريقية**" (ومن رحمها ولدت الحركة الأفريقانية) لتتم عملية توأمة بينها وبين الصهيونية.

وتظهر علمية التوأمة هذه في صياغة أساطير ترسخ مقولة التماثل بينهما، ومن أهمها:

أولاً:

الـزعم بخضـوع كـل مـن اليهـود والأفارقـة (الزنـوج) لاضـطهاد مشـترك، فكلاهمـا ضـحايا للاضطهاد وللاثنين ماضٍ مؤلم.

ثانياً:

أنهما من ضحايا التمييز العنصري، وبينهما بالتالي تفاهم متبادل، ويزيد من تلاقي تطلعاتهما أن لهم جذورًا ممتدة في ماضيين متشابهين جوهرًا.

ثالثاً:

إضفـاء المسـحة الصـهيونية علـى حركـة الجامعـة الإفريقيـة، فمنـذ أواخـر القـرن الماضـي وبداية القرن الحالي ومـع أخذ الحركـة الصـهيونية، وحركة الجامعة الإفريقية إطارهما التنظيمي أطلق على حركـة الجامعـة الإفريقيـة اسـم **"الصـهيونية السوداء"**، وأطلق على أحد زعمائها المتصدرين

لفكرة "**عودة الزنوج الأمريكيين إلى وطنهم الأصلي إفريقيا**" - وهو ماركوس جارفي اسم - "**النبي موسى الأسود**"، بل إن تشبه الزنوج بين الكيان الصهيوني وإضفاء طابع ديني على حركتهم للعودة إلى إفريقيا يوضِّح هذا التأثير بالفكر الصهيوني إلى حد بعيد. فقد كان الأسقف ألكسندر وولترز - أحد أساقفة كنيسة صهيون الأسقفية الميثورية الإفريقية - أكبر سند لسلفستر ويليامز - (أول دعاة حركة الجامعة الإفريقية) الذي نظَّم أول مؤتمراتها في لندن عام 1900 بمساعدة ودعم من كنيسة صهيون.

وكان معروفًا أن زعماء هذه الكنيسة يستندون إلى العهد القديم من الكتاب المقدس، وبخاصة عندما شبهوا سعيهم للهرب من العبودية بما حدث لبني إسرائيل، واستعانوا بالآيات الخاصة

بالحياة الأخرى من موت وبعث وخلود ليسبغوا على حركاتهم نوعًا من هالة قدسية، أو رضا إلهي.

وقد ترجمت "شراكة القيم" على أرض الواقع إلى مكاسب سياسية للكيان الصهيوني في أفريقيا، هو ما يعبر عنه قول موسى ليشم الذي كان رئيسًا للإدارة الإفريقية في الخارجية الصهيونية:

"إن العلاقات القوية التي تطوَّرت بين دولة الكيان وإفريقيا إنما تتصل بالروابط التي قامت بين اليهود والإفريقيين، فجذور التعاطف بينهما تتمثل أساسًا في أن المدنية السائدة اعتبرت اليهود والزنوج أجناسًا منحطة على حد سواء، وأن التجربة التاريخية والنفسية متشابهة بينهما، وتمثَّلت في تجارة الرقيق وذبح اليهود".

"وهذا التماثل ليس ذا طبيعة تاريخية أو مجردة فقط، ولكنه يتأكد من خلال التطلع اليهودي لتجديده ما أسماه وجودهم القومي".

احتواء نخبة التحرر

بعد الحرب العالمية الثانية فقط، أدركت دولة الكيان والقوى الاستعمارية أهمية **"القيادات الوطنية"** والمثقفة في إفريقيا مع المد التحرري الذي بدت عليه الحياة السياسية الإفريقية؛ فكان اقترابها البارز في البداية من نكروما ونيريري وسنغور أكثر من غيرهم.

وقــد كــان وزن هــؤلاء فــي حركــة التحــرر الإفريقية ضروريًا لتحجيم صلة هذه الحركة بالعالم العربــي وهــو عمــل اســتند إلــى حــد كبيــر علــى مــا أصــبح يطلــق عليــه "ميــراث الصــهيونية والزنوجية" المبكر.!

وكان مـن نتائـج مـا تقدم أن ظهرت دولـة الكيــان إلــى الوجــود متمتعــة برصيــد مــن التعــاطف المستند لعوامـل دينيـة وثقافيـة وقـد كانت استجابة الزعمـاء الإفريقيين للتعامـل مـع الكيـان الصـهيوني في كافة المجـالات سـريعة وودية. فمن المعروف أن ليبريا كانت أول دولـة إفريقيـة تعترف بالكيـان الصهيوني وثالث دولة اعترفت به في العالم (بعد الولايات المتحدة والاتحاد السوفيتي) عام 1948!

وبعد استقلال بلاده مباشرة أرسل الزعيم الأفريقي المعروف كوامي نكروما عددًا من وزرائه للكيان الصهيوني، حيث عقدوا العقود والاتفاقيات، محذرا الصهاينة من "**التوسع المصري المباشر**"!

بينما أعرب قادة أفارقة آخرون عن انبهارهم بالكيان كتصريح الزعيم الكيني توم مبويا:

"**إن أي إفريقي يزور إسرائيل سيعجب لا محالة بالإنجازات التي حققتها في فترة وجيزة رغم قحل أرضها، وشح مواردها الطبيعية، ولذلك فقد كنا جميعًا منتشين ومتشوقين للنسج عن منوال تلك التجارب في بلادنا**".

وتصريح جوليوس نيريري:

"(إسرائيل) بلد صغير.. ولكنه يستطيع أن يقدم الكثير لبلد مثل بلدي. إننا نستطيع أن نتعلم دروسًا نافعة من (إسرائيل) نظرًا لتشابه المشاكل التي نواجهها.. وعلى رأسها مشكلان هامان هما: بناء الأمة وتوحيدها، ثم إعمار الأرض".

مسلمون معادون للعروبة

لقد بلغت الآثار السلبية الواسعة على رؤية أنصار الأفريقانية للعلاقة مع العرب والعروبة حد العداء السافر في بعض المناطق، ففي مايو 1982 قدم مائة وستة نواب بالبرلمان الفيدرالي النيجيري مذكرة يطالبون فيها الدول الإفريقية ومعها نيجيريا

بإعادة العلاقات الدبلوماسية الطبيعية مع الكيـان الصهيوني.

ولعـل أخطـر مـا ورد فيهـا أن العـرب "يريـدون حل المشكلة الصهيونية بالتصفية الكاملـة للكيـان كدولـة، إنهـم يرونهـا فرضًـا إمبرياليًا"، . . . . وأن "مصالح إفريقيا السوداء ليست هي نفس مصالح الدول العربية، فمن النـاحيـة الفلسفيـة فإن الإفريقانيـة تختلف عن العروبة".

"وقـد عانى الصهاينة مثلمـا عـانى الإفريقيـون، فمثلمـا عـانى الأفريقيـون مـن العبوديـة وتجـارة الرقيـق والاسـتعمار والإمبرياليـة والاسـتعمار الجديـد والتمييـز العنصـري، والسـيطرة الاقتصـادية والتآمر

الدولي فإنهم يجب ألا يعزلوا دولة الكيان التي كانت ضحية نفس القوى، دولة هربت توًا من التصفية الدموية في أوروبا خلال الحرب العالمية الثانية، وأن نيجيريا ستعانى من عزل الكيان؛ إننا نحتاج (إسرائيل) أكثر مما تحتاجنا هي".

و. . . "إذا أردنا المجد فعلينا أن نتطلع إلى الأحسن، إذا ارتبطنا بـ (إسرائيل) فسوف نتطلع لأسلوبهم في الحياة ونحسن حياتنا، لأن الإنسان يُعرَف بأصدقائه، إننا سوف نتشرب منهم القومية الصحيحة والنظام الصحيح.. الخ".

إنها شهادة إدانة خطيرة صحيح أنها تنطوي على مبالغات وانحيازات سافرة لكنها بغير شك

تصيب كبد الحقيقة عندما تقارن ما أنجزناه بما أنجزه الكيان، وعندما تدق جرس إنذار ينبهنا لحجم الاختراقات الثقافية التي أحرزها العدو، وهي القاعدة الصلبة لبناء المصالح السياسية. إن نزيف دار فور يخفي وراءه جرحا أكبر وأعمق بكثير مما نظن، ونكاد أن نكون بعد قليل في مواجهة مشروع سياسي أخر يستهدفنا هو "**الأفريقانية القادمة**".

في مواجهة الأفريقانية القادمة؟

تناولنــا فيمــا مــر مــع الجــذور الفكريــة والتاريخيـة للظاهرة، غير أن الأفكار تحولت إلى مشــروع سياسـي عبـر مجموعـة مـن الآليـات، ولأهمية الفكرة في هذا المشروع السياسي الطموح فإن مسـاره لـم يترك للسـاسـة وحدهم ــ وهو أحد مقومــات نجاحــه ــ فلعـب **"المعهـد الصـهيوني**

الإفريقي" (مقره تل أبيب) دوراً مهماً في بتوجيه العلاقات الافريقية الصهيونية، ووضع الخطط المستقبلية والدراسات الميدانية، أما الهجرة اليهودية الأفريقية إلى فلسطين وبلغت ما نسبته 16% من مجموع السكان اليهود، وترتفع هذه النسبة إلى حوالي 18.5% بعد قدوم يهود الفلاشا وغيرهم، وقد قاموا بدور "الجسر" ثقافياً وسياسياً واقتصادياً بين الكيان وأفريقيا.

شبكة التحالفات

تعتمـد الحركـة الأفريقانيـة فـي مسـاعيها لإعـادة رسـم خريطـة أفريقيـا علـى شـبكة مـن التحالفات، ففي جنوب السودان هناك جماعة الدنكا التي تعمل لإشاعة الفوضى وعدم الاستقرار وخلق عقد للكراهيـة بيـن العـرب والأفارقـة، كمـا أبقـى الكيـان علـى تعـاون وثيـق مـع جماعـة الأمهـرا

الحاكمة في إثيوبيا؛ سواء في ظل هيلاسيلاسي أو منجستو دعمًا لسيطرة هذه الجماعة على غيرها من الجماعات.

وقد استغلَّت دولة الكيان في ذلك البعد الأيديولوجي لتقوية صلاتها بجماعة الأمهرا، ذلك أن هذه الجماعة لديها مزاعم بالانتماء إلى **"الأسرة السليمانية"**، وقياداتها يسمون أنفسهم **"زعماء إسرائيل"**، ثم إن الكنيسة الأرثوذكسية الإثيوبية ظلَّت تقوم بدور هام في تعزيز الهيكل الاجتماعي القائم، فهي لم تسهم فقط في تعزيز سلطة الأمهرا وإضفاء الشرعية عليها، ولكنها كانت أيضًا مصدرًا لتماسك ووحدة شعب أمهرا، وبخاصة عندما ركَّزت في دعايتها على أن شعب الأمهرا **"شعب الله المختار"**.

وفي نيجيريا قام الكيان الصهيوني بمساعدة جماعة الايبو التي تقطن في الإقليم الشرقي لنيجيريا لمواجهة الإقليم الشمالي المسيطر على السلطة المركزية – ويضمّ أغلبية مسلمة – حتى وصل الأمر إلى حد إعلان استقلال الإقليم الشرقي تحت اسم جمهورية بيافرا عام 1967 واعترف بها الكيان الصهيوني بدعوى أن الايبو يشكلون قومية متميزة كما أطلق الإعلام الصهيوني على الايبو وصف "يهود إفريقيا".

إعادة إنتاج العنصرية

رغم كل ما تملكه الحركة القومية الناهضة وما تتمتع به من دعم إقليمي ودولي فإن مواجهتها تظل ممكنة وبخاصة إذا استطعنا تحديد نقطة الضعف الرئيسة فيها، فصراعات المصالح دائما تحتاج إلى أفكار قادرة على اجتذاب الأنصار، وهنا يأتي دور **"الفكرة"**.

وقد كانت النقطة التي تحولت عندها مشكلة دار فور إلى أزمة تتجاوز حدود السودان هي النقطة التي تبين عندها أن سياسيين ومثقفين من أبناء الإقليم حولوا حالة الاحتقان الناجمة عن تقصير النظام السوداني إلى أرضية خصبة لنشر مقولات الصراع الحضاري بين العرب والأفارقة، وبدأت بعض الكتابات والمنشورات تظهر وتوزع، وشعارها:

"فليذهب العرب من حيث أتوا"

و"إنهم خرجوا من الأندلس قبل 700 سنة، وسنخرجهم من هنا".

ونقطة الضعف التي نبحث عنها تكشف عنها دراسة مهمة للباحث السوداني عبد الهادي

الصديق عنوانها **"السودان والإفريقانية"** (مركز الدراسات الاستراتيجية بالخرطوم).

الدراسة تتبع مسار الحركة منذ بدأ تقسيم القارة بين القوى الاستعمارية الأوروبية عقب مؤتمر برلين (1884 – 1885) يؤكد الباحث أن هذا التقسيم لم يستمر طويلاً، حيث نشأت حركة مناهضة للاستعمار في إفريقيا ونشأت في إطارها الحركة الإفريقانية **"حركة الجامعة الإفريقية"** التي سعت لتحرير الإنسان الإفريقي من الرق والاستعمار والعنصرية.

وخلال سبع مؤتمرات عقدتها الحركة أولها عام 1900 في لندن، وآخرها في كمبالا عام 1994، وشهد هذا المؤتمر ولادة فكرة وحدة المصير والهدف بين أفارقة القارة وأفارقة الشتات،

وأثناء تطور حركة الجامعة الإفريقية بدأت تظهر فكرة "**حركـة الزنوجـة**" في المـؤتمر الخـامس لحركة الجامعة الإفريقية عام 1945م، والتي تدعو إلى تجزئة الحركة واقتصارها على إفريقيا جنوب الصحراء، بينمـا نـادى الرئيس الغـاني الأسبق كوامي نكروما بأن تشمل دول شمال الصحراء.

وفي عـام 1961م ظهرت المواجهـة بـين فكرتي وحدة القارة وتجزئة القارة من خلال:

- محـور "**الـدار البيضـاء**"، الـذي يضـم الدول العربية البيضاء شمال الصحراء (عبد الناصر، بن بيلا، بورقيبة محمد الخامس، نكروما، بالإضافة إلى زعماء أفارقة مسلمين مثل أحمد سيكوتوري وموديوكيتا).

• ومحور منروفيا الذي ضم الدول الإفريقية الفرانكفونية السوداء التابعة لفرنسا، وأمام هذا الصراع بين المحورين السابقين، نادى بعض قادة محور منروفيا بإنشاء منظمة الوحدة الإفريقية لتضم الدول السوداء جنوب الصحراء.

واتضحت النوايا السياسية لدعاة فكرة الزنوجة التي روجت لها فرنسا في إطار تحرك الثقافة الفرانكفونية لتجد لها مكاناً في وجدان الأفارقة، وهذا الدور الفرنسي ينبغي أخذه في الاعتبار عند تقييم الموقف الفرنسي في أزمة دار فور.

وفي مـؤتمر الحركـة (الجامعـة الإفريقيـة) السادس عـام 1974م نـادى أحمد سيكوتوري بـأن تعلن الحركـة النضـال ضـد فكرة الزنوجـة التي تعرف الإنسـان الإفريقي بلـون سـحنته، وقـال إن الزنوجة والعنصرية وجهان لعملة واحدة.

وهنـا مـربط الفرس، فالحركـة التي تشكل خطـرا علينـا ولـدت مصـابة بجرثومـة فشلها إذا نجحنـا نحـن في تعريـة حقيقتهـا أمـام الـرأي العام العالمي، لا من خلال التركيز على علاقتها بالكيان الصهيوني فلهذا المنطق تأثيره في الداخل فحسب، بل من خلال فضح الطبيعة العنصرية للفكرة.

فمـع بدايـة تسعينيات القرن العشرين دخلت حركة الجامعة الإفريقية مرحلـة جديدة من التحدي الفكري حيث أصبحت "**السحنة**" السوداء للإنسان

الإفريقي مقياس تحديد مصير القارة، وفي إطار بناء تصور لثقافة صراعية حملت الورقة الأولى في مؤتمر كمبالا عنوان: "**استرقاق العرب للأفارقة**".

وطرح مفهوم إعادة رسم الخرائط بوضوح من خلال ورقة عنوانها: "**نحو خريطة جديدة لإفريقيا**" التي قدمها نيجيري من غلاة الزنوجة بصدر دورية باسم (النهضة السوداء) معروفة بعدائها للعرب والمسلمين.

وقد تم تنظيم المؤتمر بدقة من قبل مجموعة التحالف من أجل إفريقيا (مجموعة منبر إفريقيا) وتركز جدول الأعمال على إعادة رسم خريطة السودان انطلاقا من فكرة الزنوجة التي تروج

لدعوى أن شمال السودان العربي المسلم لا ينتمـي
في شيء إلى إفريقيا والإفريقانية.

وماذا بعد ...

قد يكون ملحاً التساؤل بعد عرض هذه الخلفيات الصادمة التساؤل بوضوح عن الإطار الأنسب للتعامل مع هذه الأزمة المرشحة للتصاعد، فاللجوء المتسرع للهجائيات السياسية لا تنفع في التعامل مع مثل هذه

المتغيرات، بل على الأرجح ستضر ضرراً بليغاً على المستويين الآني والمستقبلي.

فمن البدهي أن من حق الأفارقة أن تكون لهم رؤيتهم القومية المغايرة، ومن طبائع الأشياء أن يسعى الكيان الصهيوني لاحتواء هذه الحركة القومية الناهضة أما غير الطبيعي فهو أن نتصور أن الأفريقانية الناهضة "ينبغي" أن تكون حليفا للعروبة والإسلام.

والحق لا ينتصر بذاته بل بحسن عرضه والدفاع عنه بل القتال عنه بآليات الثقافة السياسة والإعلام ليكون التحالف الذي ما زال ممكنا بين العروبة والأفريقانية خيارا ينحاز إليه الأفارقة طواعية عبر قناعات مشتركة ومصالح متشابكة.

ووصول مقولات العداء للعرب والعروبة داخل حدود العالم العربي لا تصلح لمواجهته آليات الصراع والاستبعاد بل الحوار والتعاون على أرضية الحفاظ الذي لا مواربة فيه على حقوق الإنسان وقبول التعددية، فبناء سودان تعددي ليس فقط المخرج الوحيد من الأزمة بل الجسر الذي يمكن العبور عليه لتقويض مملكة يهوذا الأفريقية بالآليات نفسها التي بنيت بها. والصراع هنا صراع مركب ممتد تمثل السياسة وجها واحدا له بل تمثله ثمرته.

وبدلاً من التصلب السياسي الذي يعتبره البعض صموداً في معركة فاصلة نحن أحوج ما نكون لمرونة سياسية شديدة تترافق مع رؤية شاملة ثقافية سياسية لمواجهة الأفكار والبنى

التنظيمية وشبكة المصالح التي شيدها الكيان الصهيوني لتكون قاعدة للتشكيل القومي الناهض، والعمل لبناء واقع بديل.

وإذا كان الصهاينة قد نجحوا في تحقيق اختراقات ونجاحات كبيرة فينبغي ألا ننسى في المقابل أنهم قد منوا بخسارة تاريخية في الميدان نفسه، بزوال نظام الفصل العنصري في جنوب أفريقيا الذي كان أحد أهم مرتكزات المشروع الصهيوني في أفريقيا بل أهم مرتكزاته على الإطلاق.

المؤلف:

ممدوح الشيخ

مفكر

نشر له مئات المقالات والدراسات في عشرات الدوريات العربية.

صدر له أكثر من عشرين مؤلفاً في القاهرة وبيروت ومسقط.

نـال جـوائـز مصـرية وعربيـة فـي الشـعر والمسرح والرواية.